CATALOGUE

D'ESTAMPES

ANCIENNES ET MODERNES

RELATIVES A L'ORNEMENTATION

QUELQUES

DESSINS ET OBJETS DE CURIOSITÉ

LIVRES

SUR L'ARCHITECTURE ET LES BEAUX-ARTS

Dont la vente aux enchères publiques aura lieu

Par suite du décès de M. Claude SAUVAGEOT

ARTISTE GRAVEUR, DIRECTEUR DE « L'ART POUR TOUS »,
CHEVALIER DE LA LÉGION D'HONNEUR

HOTEL DES COMMISSAIRES-PRISEURS, RUE DROUOT, N° 9,

SALLE N° 3

Le Samedi 10 Avril 1886

A UNE HEURE ET DEMIE

M° MAURICE DELESTRE
Commissaire-priseur
27, rue Drouot, 27.

M. J. BOUILLON
Md d'estampes. Succr de CLEMENT
rue des Saints-Pères, 3.

PARIS — 1886

CATALOGUE
D'ESTAMPES

ANCIENNES ET MODERNES

RELATIVES A L'ORNEMENTATION

QUELQUES

DESSINS ET OBJETS DE CURIOSITÉ

LIVRES

SUR L'ARCHITECTURE ET LES BEAUX-ARTS

Dont la vente aux enchères publiques aura lieu

Par suite du décès de M. Claude SAUVAGEOT

ARTISTE GRAVEUR, DIRECTEUR DE « L'ART POUR TOUS »,
CHEVALIER DE LA LÉGION D'HONNEUR

HOTEL DES COMMISSAIRES-PRISEURS, RUE DROUOT, N° 9.

SALLE N° 3

Le Samedi 10 Avril 1886

A UNE HEURE ET DEMIE

Par le ministère de Me **MAURICE DELESTRE**, Commissaire-Priseur,
27, rue Drouot, 27.

Assisté de **M. JULES BOUILLON**, Marchand d'Estampes de la Bibliothèque Nationale, successeur de CLEMENT, 3, rue des Saints-Pères.

PARIS — 1886

CONDITIONS DE LA VENTE

Elle sera faite au comptant.

Les Acquéreurs payeront CINQ POUR CENT en sus des enchères, applicables aux frais.

M. J. BOUILLON, chargé de la vente, se réserve la faculté de rassembler ou de diviser les lots.

DÉSIGNATION

OBJETS D'ART DIVERS

1 — Deux grandes potiches japon, décor bleu ancien. —

2 — Deux belles potiches bouteilles, Delft.

3 — Statuette en bois peint, quinzième siècle, Sainte Barbe.

4 — Deux grands cache-pots bronze japon. Ancien.

5 — Un porte-bouquet bronze japon. Ancien.

6 — Un brûle-parfum bronze japon. Ancien.

7 — Un grand bahut en chêne, dix-septième siècle.

TABLEAUX

DEFAUX

8 — Saltimbanque sur la place publique d'un village.

ÉCOLE ITALIENNE DU XVIe SIÈCLE

9 — Martin III Scaliger.

— Nicolas Vitellius, deux portraits.

DESSINS ANCIENS ET MODERNES

10 — **Arveuf**, architecte. Recueil d'ornements antiques et modernes, soixante-deux dessins originaux par Arveuf, préparés pour une publication, grand in-fol., demi rel.

11 — **Berthelin**. Dessin aquarelle. Bazar Bonne-Nouvelle, à Paris, 1834.

12 — **Corroyer**, architecte. Dessin projet de l'Eglise Sainte-Marie du Havre.

13 — **M. Ouradou**. Deux dessins aquarelles.

14 — **E. Viollet-le-Duc**. Dessin à la plume pour les Entretiens d'architecture, très beau.

15 — Vue de Suisse, très belle aquarelle.

16 — Série de onze dessins par A. Verdier, Carot, Risler, Varin, Deroy, etc.

17 — Recueil de dessins d'après des gemmes annulaires antiques et autres, pour Jean Chiflet, chanoine de Tournai (une note au crayon indique Van Werden comme dessinateur), 158 dessins très soignés à la sépia.

18 — **Dessins anciens**, dix-septième siècle. Un char somptueux. Dessin à la plume et au lavis provenant de la collection R. Jacquemin.

19 — Dix huitième siècle, époque Louis XVI, joaillerie.

ESTAMPES ANCIENNES

20 — **De la Barre**. Livre Desoutis, sorte de feuilles servant à l'orfèvrerie, inventées par P. de la Barre, marchand orfèvre à Paris, gravées par J. Briot, 5 pl.

21 — **Battini**. Cartouches ornés, gravés par H. Cock, 1553, 25 pl.

22 — **Bérain, Lepautre,** etc. Décorations intérieures. 14 pl.

23 — **J. Bérain.** Panneaux décoratifs, 4 pl.

— **Le Moine.** Panneau décoratif, 1 pl.

— **Boule.** Bureau et sa garniture console, 12 pl.

— **L. Beger.** Quatre panneaux décoratifs, 1 pl. — Panneaux armoiriés, écussons, etc. de divers, 6 pl.

24 — **Boucher.** Enfants gravés à l'eau-forte, 5 pièces.

— Ornements XVIIe et XVIIIe siècle, par Watteau, Salembier, Cauvet, Lalonde, Huquier, etc. 44 pièces.

25 — **Brebiette.** Frises mythologiques, suite complète, 12 pl.

26 — **Cartouches** encadrant des proverbes français, manquant les pl. 1, 2, 19. — 17 pl.

27 — **Cartouches** ornés gravés par Vredemann Frison, Anv. Gérard Judœrs 1555, 27 pl

28 — **Charpentier.** Cartouches, panoplies, gravés par J. F. Blondel, 11 pl.

29 — **H. Cock.** Cartouches et panneaux décoratifs, 15 pl., 1554.

30 — **H. Cock et C. Floris.** Panneaux décoratifs, 11 pl. dont deux doubles.

31 — **J. Collaert** et **D. E. P.** Vingt pièces orfèvrerie.

— **Briceau.** Quatorze pièces.

— **S. N.** Une pièce bonbonnières et cuvettes de montres.

— **Mariette.** Trois pièces bonbonnières.

32 — **Ducerceau** (École de). Très beaux panneaux décoratifs, in-8°, gr. à l'eau-forte.

33 — **M. Duval.** L'hyver, panneau décoratif, genre des majoliques italiennes, pièce rare du temps d'Henri II. Meuble à deux corps renaissance Henri III, par A. Ducerceau. Vase, renaissance italienne. Front. renaissance vénitienne.

34 — **Fleurons** typographiques, lettres ornées de provenances diverses du seizième au dix-huitième siècle, 166 pièces.

35 — **Jacques Floris.** Cartouches, frises, vases, etc., (24 pl. grav. d'après) par Hermann Muller, 1564.

— **Adrian Cossard.** Un titre pour les Images d'animaux vivants.

36 — **Jacques Floris.** Beaux panneaux décoratifs gravés par H. Corck, 13 pl.

37 — **F. H.** Mascarons éc. flam., fin seizième siècle, 13 pl.

38 — **Jérôme et Daniel Hopfer.** 11 pl., orfèvrerie.

— **J. C. Venghel,** 2 pl.

— **J. H. F. Sch.** 1 pl.

39 — **Lepautre.** Intérieurs, cheminées, frises, etc., 18 pl.

— **J. Vouet.** Panneau décoratif.

40 — **Mansard, Lepautre, Berain, Blondel, Oppenort, Leroux.** Salons, glaces, cheminées, chaires à prêcher, candélabres, 38 pl.

41 — **Mediceorum** principum effigies. Recueil de quarante deux portraits de princes et princesses de la famille des Médecis; gravés par Ad. Halluech, C. Grégori, Presler, Marc Pitteri, grand in-fol. rel. avec vélin, armes sur les plats. S. N. 1736-1736.

42 — **Modèles** d'écriture française, flamande, italique, hébraïque, etc., avec encadrements décoratifs par de Beauchesne, J. Hondius, etc., 16 pl., titre gravé par Hondius.

43 — **Nilson.** Portraits historiques de Louis XIV à Louis XVI, encadrements ornés; soixante-douze pièces gravées à l'eau-forte par Nilson.

44 — **Ornements** pour arquebuses, indications sur les pièces de nombreux orfèvres de Paris, fin du seizième siècle. 11 pl. très finement gravées S. N.

45 — **Poilly, B. Picard.** Cartouches décoratifs, 14 pl.

— **S. della Bella.** Ornements, trois eaux-fortes.

— **Divers.** Six cartouches.

46 — **Polidore de Caravage.** (Vases gravés par Sadeler, d'après). — Rome, 1605. Belles épreuves, 10 pl.

47 — **Salembier.** Quatre panneaux.

— **Cauvet.** Deux frises.

— **B. Porcetti.** Deux pièces.

— **Callot.** Une pièce.

— **Eisen.** Huit fleurons pour les Baisers, de Dorat.

— **Chéreau.** Portrait de Bayle.

— **Divers.** Trois pièces, ornements.

48 — **Pierre Schonck.** Arquebuserie, neuf pièces.

— **Schmeltz.** Arquebuserie, orfèvrerie, dix pièces.

— **De la Colombe.** Arquebuserie, orfèvrerie, 1702. Trois pièces.

— **Jacquinet.** Trois pièces.

— **Jean Hennequin à Metz.** Une pièce.

— **Salviati.** Orfèvrerie, manches de couteaux, une pièce.

49 — **V. Solis** (école de). Encadrements ornés, 14 pl.

50 — **J. B. Toro.** Motifs d'ornements, etc. 14 pl. dont le titre.

51 — **B. Toro**. Vases, cartouches, meubles, gravés à l'eau-forte. 11 pièces.

— **Giardini, Grossman, Engelbrecht, Gotlieb**, etc. Vases. 12 pièces.

52 — **Trophées**, panoplies, école flamande, dix-septième siècle. 11 pl.

52 *bis*. — **G. Valck**. 8 pl. ornements eaux-fortes, genre Boule.

53 — **W. T. Versaemt**. Cartouches gravés sur bois, 1546. Extraits d'un livre. 25 pièces.

GRAVURES MODERNES

54 — **K. Bodmer**. Recueil de vingt-deux grandes eaux-fortes avant la lettre, in-fol., grandes marges, demi-mar., coins.

55 — **Brunet de Baines**. Château de Saint-Germain-en-Laye. — Album de treize eaux-fortes, pap. de Hol. — Un dessin original de E. Millet, arch. et div. phot. de dessins de E. Millet. N'a pas été mis dans le commerce.

56 — **Daubigny**. Suite de quinze eaux-fortes sur chine.

57 — **Léon Gaucherel**. Neuf gravures à l'eau-forte.

58 — **Cl. Sauvageot**. Lot de cinquante grav. s. ch., extraites de la Monogr. de Chevreuse.

59 — Série de huit grandes gravures à l'eau-forte, par Brunet-Debaisnes, L. Flameng, Waltner, Courtry, Henriette Browne. Pub. par la Soc. d'enc. pour la propag. des livres d'art.

60 — Série de sept gravures, par Guillaumot, père, Karl Bodmer, Massard, etc.

61 — **O. de Rochebrune**. Huit gravures eau-forte.

— **J. Jacquemart** Cinq gravures eau-forte.

— **Guillaumet**. Onze gravures eau-forte.

GRAVURES ENCADRÉES

62 — **L. Cognet.** Enlèvement d'Ivanhoé, grav. par Girard.

63 — **L. Gaucherel.** Porche nord de la cathédrale de Chartres. Avant la lettre.

64 — **L. Gaucherel.** Ciboire d'Alpais. — Bas-relief pourtour de N.-D. — Cavaliers de l'Apocal., b.-rel. — Encensoir, d'après Viollet-le-Duc. Quatre épreuves sur chine, avant la lettre.

65 — **Gaucherel.** Deux encensoirs, deux cadres.

66 — **Murillo.** (d'après) La naissance de la Vierge, gravé par Massard, sur ch. avec déd. de l'auteur, avant la lettre.

67 — **Prud'hon** (d'après). La Justice poursuivant le Crime. Grav. par Gelée, avant la lettre.

68 — Zéphir, grav. par Laugier, 1820.

69 — **Robert Fleury** (d'après). Le Tasse, grav. par Dien, av. toute let.

70 — **Léonard de Vinci** (d'après). La Vierge, l'Enfant Jésus, sainte Anne et saint Jean-Baptiste, grav. au burin, par Laugier, 1831.

71 — **Loysi** (J. de). Saint-Suaire de Besançon, 1634. Épreuve sur étoffe.

72 — **Photographies sous verre.** N.-D. de Paris, Portail Saint-Étienne, bas-reliefs du tympan.

73 — **Photographies.** Architectures div. Quarante et une épreuves.

74 — Peintures décoratives. Seize épreuves.

75 — Meubles, céram., orfèvr., etc. Trente-cinq épreuves.

LIVRES

76 — **Les armures** du Musée d'artillerie. Vingt photog., grand in-4, demi-mar.

77 — **Edouard Aubert**. La vallée d'Aoste, 1 vol. petit in fol. demi-rel. Trente-quatre grav. en t.-d., six chromos et nombreux bois dans le texte. Paris, Amyot, 1860.

78 — **F. Baucher**. Méthode d'équitation basée sur de nouveaux principes, par F. Baucher, in-8, broché. Paris, Dumaine, 1874.

79 — **C. Bayet**. L'Art byzantin.

— **E. Muntz**. La tapisserie.

— **Gerspach**. La mosaïque.

— **H. de la Borde** (le vicomte). La gravure, 4 vol. in-8, broché et rog. Paris, Quantin.

80 — **Béranger** Chansons de Béranger, in-8, vig. sur bois. Paris, Perrotin, 1866.

81 — **Blondel**, Livre nouveau, ou règle des cinq ordres d'architecture, par J. Barozzio de Vignole, nouvellement revu et corrigé par M. B.... architecte du roy, le tout enrichi de cartels, culs-de-lampe, paysages, figures et vignettes, etc., le tout d'après MM. Blondel, Cochin et Babel, graveurs et dessinateurs du roy. Grand in-fol., 109 grav., rel. anc., quelques cassures, néanmoins en assez bel état. Paris, Charpentier, s. d.

82 — **Ph. Burty**. Chefs-d'œuvre des arts industriels. 200 grav. s. b., demi-rel. Paris, Ducrocq, 1867.

83 — **De Buzonnière**, Histoire architecturale de la ville d'Orléans. 2 vol. in-8, demi-chagrin. Paris, Diderot, 1849.

84 — **Caen**. Précis de son histoire, ses monuments, etc., par G.-S. Trébutien, in-18, cart. Caen, A. Hardel.

85 — **Maxime du Camp**. Chants modernes, grand in-8 vél., demi-chag. M. Lévy, 1855.

86 — **Catalogues**. Catal. de la coll. Michel Pascal, — Cat. méthod. de la Bibl. nat. des beaux-arts, par S. Vinet, — Camées, pierres gravées du Cab. des Méd., — Chabouillet, — Musée des souverains, par Darcel. — Catal. du Musée de Cluny, 1881, etc., etc. En tout 35 cat.

87 — **Cercle** de la Librairie. Première exposition, catalogue cart. toile gaufrée. Paris, juin. 1880.

88 — **P. Chabat**. Dictionnaire des termes employés dans la construction, 2 vol., nomb. vig., gr. in-8, demi-rel. (manquent les titres), Paris, Morel.

89 — **Chaillou des Barres**. Les châteaux d'Ancy-le-Franc, de Saint-Fargeau, de Chastellux et de Tanlay. 1 vol. demi-rel. grand in-4, nomb. lithog. et bois dans le texte. Paris, Vaton, 1845.

90 — **L. Charvet**. Sébastien Serlio, portrait, planches in-8, demi-maroquin, papier vélin. Lyon, Glayron-Mondet, 1869.

91 — **L. Chateau**. Histoire et caractères de l'architecture en France, nomb. vig. in-18, dem.-mar. Morel, 1864.

92 — **L. Chédeville**. Lettres de L. Chédeville à M. Guiessard, nomb. eaux-fortes et vignettes grand in-8, demi-maroquin. Paris, 1875.

93 — **P. de Chennevières** (le marquis). Contes de Saint-Santin, 2e série, in-8, br., couverture imp., nomb. vig. dans le texte, papier de couleurs différentes, très rare. Argentan, Barbier, 1863.

94 — **Ch. Chipiez**. Histoire critique des origines et de la formation des ordres grecs, petit in-4 vélin, demi-chagrin. Morel, 1876.

95 — **Cochet** (l'abbé). Les églises de l'arrondissement d'Yvetot, 2 vol, in-8 demi rel. Paris, Didron, 1852.

96 — **Congrès** de l'enseignement des arts du dessin ; public. du Minist. de l'Int. Belge. 1 vol. in-8, demi rel. Bruxelles, 1869.

97 — **Cours** de mathématiques, étude géométrique des sections coniques, cours professé à l'Ecole des Beaux-Arts de Paris et lithographié, s. l. n. d., in-4 broché, sans titre ni couverture.

98 — Les **Curiosités** de Baris, réimprimées d'après l'édition de 1716, par les soins de la Société pour la propagation des livres d'art, gr. in-8, broché, nomb. gr. sur bois. Paris, au siège de la Société, 1883.

99 — **G. Davioud**. L'art et l'industrie, mémoire couronné par l'Ac. des Beaux-Arts, in-8 demi-rel. Paris, Morel, 1874.

100 — **L. Delaporte**. Voyage au Cambodge, l'architecture Khmer, nomb. grav., in-4, demi-mar, Delagrave, 1880.

101 — **A. Demmin**. Guide de l'amateur de faïences et porcelaines, etc., in-18, nomb. vign. et marques, dem.-rel. Paris, J. Renouard. 1863.

102 — **D. Devrez** Château de Chateaudun, recueil de photog. d'après les dessins de Devrez (n'est pas dans le commerce) demi-rel.

103 — **Didron** aîné. Annales archéologiques, 27 vol. in-4, demi reliure. Grav. nomb. et bois dans le texte.

104 — **E. Didron**. Rapport d'ensemble sur les arts décoratifs. Exposition universelle de 1878, in-8, demi-maroquin. Paris, Imp. nat., 1882.

105 — **A. de Dion**. Église de Montfort-l'Amaury (S.-et-O.), in-12, demi-rel.. Bar-le-Duc, L. Philipona. 1881.

106 — **Lucien Double**. Promenades à travers deux siècles et quatorze salons, titre en couleurs, pap. de Hol., nomb. eau-fortes, par Jacquemard, Gaucherel, Flameng, etc., in-4, demi maroquin. Paris, Noblet, 1878.

107 — **Albert Durer.** L'œuvre complet d'Albert Durer, reproduit par la photographie. 101 épreuves très belles, s. l. n. d.

108 — **A. François et J. Corot.** L'ameublement à l'Exposition universelle de Philadelphie, 1 vol. petit in-fol., dem.-rel., 20 grav. et 52 vig. dans le texte. Paris, Morel, 1878.

109 — **J. Fuchs.** Illustrations en héliogr. pour le Fou Yégof, d'Erkmann-Chatrian, in-4 obl., cart. toile. A. Durand.

110 — **N. Gallois.** Les Chemins de fer illustrés (environs de Paris), gr. in-4, nomb. bois dans le texte, cart. Paris, Dutertre.

111 — **Théophile Gautier.** La Nature chez elle, gr. in-fol., grandes marges, pap. de coul., 37 eaux-fortes de K. Bodmer, avant la lettre, rel. toile. Paris, A. Marc, 1870.

112 — **Gazette des Beaux-Arts,** livraison décembre 1865. et 11 livraisons de janvier à novembre 1866.

113 — **De Genlis** (Madame). Madame de Maintenon, pour servir de suite à l'Histoire de la duchesse de la Vallière, portrait par Saint-Aubin, in-8, bas. Paris, Maradan, 1801.

114 — **Gerdy.** Physiologie médicale, 2 tomes en 1 vol. in-8. Crochard, 1832.

115 — **Godou** (A.) Orléans en miniature, guide historial dans Orléans, in-18, demi-chagrin (manque le plan et 1 grav.) Orléans, A. Gatineau, 1859.

116 — **L. Gonse.** Exposition universelle de 1878. Les Beaux-Arts et les arts décoratifs par MM. Ed. de Beaumont, T. Biais, E. Bonafé, etc., sous la direction de M. L. Gonse, 1 vol., l'Art moderne, 2 vol., l'Art ancien, in-4, pap. vél., demi-mar., nomb. pl., eaux-fortes, et vig. dans le texte par les premiers artistes. Gazette des Beaux-Arts, 1879.

117 — **E. Guillaume.** La sculpture en bronze, — E. Trélat, L'enseignement des Beaux-Arts, — E. Taigny, Applica-

tion de l'art à l'industrie, — E. Chesneau, L'Art japonais, Quatre conférences de l'Union cent., in-8 demi-chagrin. Morel, 1868.

118 — **De Guilhermy**. Itinéraire archéologique de Paris, 15 gr. s. ac. et 22 vign. dans le texte, in-12, cart. Paris, Bance, 1855.

119 — **De Guilhermy et Viollet-le-Duc**, Description de N.-D., cath. de Paris, planches in-8, dem.-rel. Bance. 1856.

120 — **De Guilhermy et de Lasteyrie.** Inscriptions de la France, du ve au xviiie siècles, — Tome I, Ancien diocèse de Paris, — tome II, id., — tome III. manque, — tome IV, Ancien diocèse de Paris, — tome V, id. 4 vol. in 4, carton, gravures. Imp. nat., 1873.

121 — **H. Havard.** L'Art à travers les mœurs, illust. par Goutzwiller. Nomb. pl. et vign. in-4, demi-mar. Paris, Decaux-Quantin, 1882.

122 — **H. Holbein.** L'Alphabet de la mort, publié par A. de Montaiglon. In-8, pap. de hol., rel. toile, non rogné. Ed. Tross, 1856.

123 — **L'hôtel Carnavalet.** Dix photog. des princ. motifs d'arch. et sc. de l'hôtel Carnavalet. In-fol. demi-mar.

124 — **Horsin-Déon.** Méthode de dessin dicté conforme au programme officiel, par L. Horsin-Déon. In-12 broch., vign. d. le texte. Paris, Suzanne, 1878.

125 — **P.-L. Jacob**. Un Mobilier historique des dix-sept et dix-huitième siècle. Nomb. pl. in-8, demi-maroquin. Paris, Meyrueis, 1865.

126 — **Julien** (le Bibliophile). Album de reliures artistiques et historiques. Première partie. Bachelin-Deflorenne, 1869.

127 — **Lamennais**. Œuvres posthumes, — La divine Comédie de Dante Alighieri précédée d'une introduction,

— L'Enfer. In-8., portrait demi-rel. Paulin et Le Chevalier, 1855.

128 — **Ad. Lance**. Excursion en Italie. Quinze eaux-fortes, par L. Gaucherel. Vergé non rogné, demi-mar. Paris, Morel, 1873.

129 — **A. de Lassale**. — Histoire et politique de la famille d'Orléans, Révélations sur la mort du prince de Condé, etc. In-8, demi-mar. Dentu 1853.

130 — **Ad. Lecoq** (Chartrain). Légendaires et sermonnaires du quatorzième siècle. In-8, demi-rel. Chartres, 1865.

131 — **Ad. Lecoq** (Chartrain). La Cathédrale de Chartres et ses maîtres de l'œuvre. In-8, demi-rel. Chartres 1876.

132 — **H. Lecoq de Boisbaudran**. Lettres à un professeur, Sommaire d'une méthode pour l'enseignement du dessin et de la peinture. In-12, demi-chag. Morel, 1876.

133 — **A. Lenoir**. Description hist. et chron. des monuments de sculpture réunis au Musée des monuments français. In-8, cart. Hacquart, 1806.

134 — **De Lescure**. Palais de Trianon, histoire, description, catalogue. Nomb. vign. In-18, demi-mar. H. Plon.

135 — **Lettres** de L. Chédeville à M. Guichard. 44 exemp.

136 — **Malte-Brun**. Précis de géographie universelle. 12 vol. in-8 rel. Paris, Aimé André, 1836.

137 — **Mazet** (l'abbé). La Borne de la chapelle Notre-Dame (Creuse). Broch. in-8, vign. et pl. Morel 1883.

138 — **R. Ménard**. Géographie artistique. Nomb. pl. et vign. (manque le titre). In-4, demi-maroquin.

139 — **R. Ménard**. Histoire des beaux-arts. In-4, demi-chagrin, 414 grav. Paris 1875.

140 — Les Curiosités artistiques de Paris, guide du promeneur. In-18, demi-mar. Delagrave, 1878.

141 — **R. Ménard**. La Mythologie dans l'art ancien et moderne. 823 grav., dont 32 hors texte, demi-chagrin. Delagrave, 1878.

142 — **René Ménard**. La Vie privée des anciens, texte par René Ménard, dessins d'après les monuments antiques, par Cl. Sauvageot. 4 vol. in-8, broch. Paris, Morel, 1880. 14 exemplaires.

143 — **R. Ménard**. Histoire artistique du métal. Gr. in-fol., demi-rel., grav. en t.-douce et nomb. fig. dans le texte. Librairie d'art, Rouam, 1881.

144 — **Menault**. Souvenirs de Beauce, biographie des hommes remarquables d'Angerville-la-Gate, Cassegrain, Blanchet, Tessier. In-8, demi-chagrin, Paris, Aubry, 1859.

145 — **E. Menault**. Angerville la Gate (village royal). In-8, carte toile. Paris, Aubry, 1859.

146 — **Eugène Millet**, sa vie, ses œuvres, son tombeau. In-8 br., papier de Hol., portr. et eau-forte, par Gaucherel. Paris, veuve Morel, 1881.

147 — **Molière** (Œuvres de J.-B. Poquelin, de). 2 vol. in-12, demi-rel. Paris, Firmin Didot, 1864.

148 — **De la Monnoye**. Traduction des Noëls bourguignons, par M. de..... tiré à 100 ex., pap. de Hol. (n° 50), In-12, gr. de marges, demi-mar. Bruxelles, Mertens et fils, 1865.

149 — **A. Morel**. Encyclopédie d'architecture, — Revue mensuelle des travaux publics et particuliers. Deuxième série publiée sous la direction d'un comité d'architectes et d'ingénieurs. Années 1872 à 1884, et l'année 1885 en cours de publication. 13 volumes petit in-fol, demi-reliure. Nombreuses planches gravées en taille-douce.

150 — **F. Narjoux.** Notes de voyage d'un architecte. Gr. in-8 vergé, n. rog. Nomb. vign. dans le texte. Une note manuscrite indique que c'est le premier exemplaire du tirage. Morel, 1876.

151 — **Henri Nicolle.** Le Château de Maisons, son histoire et celle des personnages qui l'ont possédé, in-8, demi-rel., 1 eau-forte. Paris, Ledoyen, 1858.

152 — **J. Oudin** (l'abbé). Manuel d'archéologie religieuse, civile et militaire, nomb. grav. s. acier, in-8. demi-rel. Paris, Lecoffre, 1850.

153 — **Opuscules, Brochures.** Journal d'agr. progressive, deux forts vol. — Stanislas Durand, l'archit. à Londres. — Chenavard, sa vie et ses œuvres. — Deux années du Bulletin de l'Union Centrale, grav. et vign., demi-rel., etc., etc., en tout quinze ouvrages.

154 — **M. Ouradou.** La Vedette, maison de Viollet-le-Duc à Lausanne, grav. in-4, 4 pl., cart. Morel, 1881.

155 — **Du Pays** (**A. J.**). Itinéraire descriptif, historique et artistique de l'Italie, in-18, cart. Paris, Maison, 1855.

156 — **Th. Pelloquet.** Guide dans les musées de peinture et de sculpture du Louvre et du Luxembourg, in-32, demi-mar. Paulin et Lechevallier, 1856.

157 — **Petit Radel.** Recherches sur les monuments cyclopéens ou pélasgiques, in-8, demi-rel., pl. lith. Paris-Rey. Imprimerie royale, 1841.

158 — **R. Pinset et J. d'Auriac.** Histoire du portrait, gr. in-8, broché, nomb. grav. et héliograv., publ. par la Soc. d'Enc. pour la prop. des œuvres d'art. 1884.

159 — **E. De la Quérière.** Description historique des maisons de Rouen, 19 pl., par Langlois, 2 vol. in-8, demi-maroquin. Rouen, Nicétas Périaux, 1841.

160 — **Queverdo.** Décorations intérieures, recueil de 20 gr., en t. d., 1 vol., petit in-fol.. demi-rel, tirage moderne de pl. anciennes.

161 — **Rabelais**. Œuvres. Notes de L. Barré, carton. Paris, Garnier.

162 — **A. Racinet**. L'ornement polychrome, 100 pl. en couleurs, petit in-fol., grand format, 2e édition, demi-maroquin. Paris, Firmin-Didot.

163 — **Rambert**. La misère, dessins et texte par Rambert, 8 lith. plus le titre in-fol., demi-rel. Paris Blandin, 1851.

164 — **Reiber et Cl. Sauvageot.** L'Art pour tous. Encyclopédie de l'art industriel et décoratif, in-fol., cart., 22 vol. Depuis la fondation jusqu'à l'année 1883.

165 — L'Art pour tous. In-fol., cart. Cinquième année. Six exemplaire.

166 — L'Art pour tous. Sixième année, in-fol., cartonné. Quatre exemplaires.

167 — L'Art pour tous. Septième année, in-fol., cartonné. Quatre exemplaires.

168 — L'Art pour tous. Huitième année, in-fol., cartonné. Quatre exemplaires.

169 — L'Art pour tous. In-fol., cartonné. Neuvième année. Six exemplaires.

170 — L'Art pour tous. In-fol., cartonné. Dixième année. Cinq exemplaires.

171 — L'Art pour tous. In-fol., cartonné. Onzième année. Cinq exemplaires.

172 — L'Art pour tous. In-fol., cartonné. Douzième année. Cinq exemplaires.

173 — L'Art pour tous. In-fol., cartonné. Treizième année. Cinq exemplaires.

174 — L'Art pour tous. In-fol., cartonné. Quatorzième année. Quatre exemplaires.

175 — L'Art pour tous. In-fol., cartonné. Quinzième année. Cinq exemplaires.

176 — L'Art pour tous. In-fol., cartonné. Seizième année. Cinq exemplaires.

177 — L'Art pour tous. In-fol., cartonné. Dix-septième année. Cinq exemplaires.

178 — L'Art pour tous. In-fol., cartonné. Dix-huitième année. Onze exemplaires.

179 — L'Art pour tous. In-fol., cartonné. Dix-neuvième année. Onze exemplaires.

180 — L'Art pour tous. In-fol., cartonné. Vingtième année. Cinq exemplaires.

181 — L'Art pour tous. In-fol., cartonné. Vingt-et-unième année. Cinq exemplaires.

182 — L'Art pour tous. In-fol., cartonné. Vingt-deuxième année. Cinq exemplaires

183 — **Revue des Arts décoratifs**. — 1re année, nos 1, 2, 3, 4, 5, 6, 7, 8. — 2e année, nos 9 jusqu'à 24 inclus. — 3e année, nos 1 à 12 inclus. — 4e année, nos 1 à 12 inclus. — 5e année, nos 1, 2, 10, 11, 12. — 6e année, nos 1, 2, 3, et vol. spécial à la 8e exposition. Paris, Quantin, 1880, 1881, 1882, 1883, 1884, 1885.

184 — **G. Rey**. Étude sur les monuments de l'architecture militaire des Croisés en Syrie et dans l'île de Chypre, nomb. pl. et grav. dans le texte, d'après les dessins de L. Sauvageot, in-4, cart. Imp. Nat., 1871.

185 — **Ant. Rich**. Dictionnaire des antiquités Romaines et Grecques. 2000 grav. demi-maroquin. Didot, 1861.

186 — **G. Rohault de Fleury**. Édifices de Pise. 1 vol., petit in-fol., 21 gr, en t. d., carton. Paris, Bance, 1862.

187 — **O. N. Rood**. Théorie scientifique des couleurs et de leur application à l'art et à l'industrie. 130 fig., 1 pl. en couleurs, in-12, cart. toile. Germer Baillère. 1881.

188 — **P. D. Roussel.** Histoire et description du château d'Anet. 1 vol., gr. in-4, demi-rel., nomb. grav. en t. d. chromolith., photoglyp. et bois dans le texte. Jouaust, 1875.

189 — **Ruprich Robert.** L'église Sainte-Trinité, ancienne Abbaye-aux-Dames. — L'église Saint-Étienne, ancienne Abbaye-aux-Hommes, in-8, broché. Caen, Leblanc Hardel, 1864.

190 — **Ruprich Robert.** Les arènes de Lutèce, plaquette in-4, demi-rel., 4 grav. en t. d. et bois. Paris, Ducher, 1875.

191 — **Ruprich Robert.** Flore ornementale. 1 vol., in-fol., grandes marges, demi-rel., 105 pl. de texte, — 105 vign. et 152 pl. en t. d., rel. toile, grand format vélin. Paris, Dunod, 1876.

192 — **Ruprich Robert.** Réflexions sur l'enseignement de l'architecture, in-8, demi-maroquin. Paris, Morel, 1882.

193 — **Ruprich Robert.** De l'influence de l'opinion publique sur la conservation des anciens monuments, in-8, demi-maroquin. Paris, Morel, 1882.

194 — **Anthyme Saint-Paul.** L'année archéologique, année 1879, in-8, cart. toile. Paris, Quantin, 1880.

195 — **De Saulcy.** Jérusalem, nomb. gr. hors texte, in-4, rel. toile gaufrée. Paris, Morel, 1882.

196 — **C. et L. Sauvageot.** Monographie de la chapelle de N.-D. de la Roche. 1 vol., petit in-fol., demi-rel., 27 pl. en t. d. Morel, 1863.

197 — **Cl. Sauvageot.** Monographie du château de Saint-Germain-en-Laye, grand in-4, — 17 pl. t. d., demi-rel Morel, 1866.

198 — **Cl. Sauvageot** Monographie de Chevreuse. Étude archéologique, par Cl. Sauvageot, texte et 26 pl. grav. à l'eau-forte, bois dans le texte, petit in-fol. en carton. Sept exemplaires.

199 — Monographie du château d'Ancy-le-Franc, grand in-4, 13 pl. t. d., demi-rel. Morel, 1868.

200 — Palais, Châteaux, Hôtels et Maisons de France du quinzième au dix-huitième siècle. Deux exemplaires en blanc, grand papier.

201 — **C. Seauvageot**. Palais, châteaux, hôtels et maisons de France du quinzième au dix-huitième siècles. 3 ex. sur chine, grand papier.

202 — **Cl. Sauvageot**. Recueil de 100 planches, extraites de l'Art pour tous. In-fol. Paris, Morel, 1868.

203 — **Cl. Sauvageot**. Viollet-le-Duc et son œuvre, dessiné par Cl. Sauvageot. Petit in-fol. broché ; nombreuses planches et eaux-fortes. Paris, veuve Morel, 1880. 24 exemplaires.

204 — **Cl. Sauvageot**. Enseignement du dessin par les solides, applicable dans les écoles primaires professionnelles et supérieures, par Cl. Sauvageot. 1 vol. texte broché, et 8 vol. planches en carton Petit in-fol. Delagrave, 1882. 8 exemplaires.

205 — **L. Sauvageot**. Notice sur l'église Saint-Hilaire de Rouen. 8 pl. Petit in-fol. demi-mar. 2 exemplaires.

206 — **L. Sauvageot**. Considérations sur la construction des théâtres. Grand in-8, demi-mar. 8 pl. Morel, 1877.

207 — **Maurice du Seigneur**. Le théâtre de Monte-Carlo. In-12 broché, couv. imp. eau-forte de Toussaint, vergé non rogné. Paris, Rouveyre, 1880.

208 — **Stendhal**. Promenades dans Rome. In-18. 2 v. demi-rel. Lévy, 1858.

209 — **G. Symeoni**. La vita e metamorfoseo d'Ovidio figurato et abbreviato. Con altre stanze sopra gl'effetti della Luna : il ritratto d'una fontana d'Overnia, etc. Grav. s. b. de Samuel Bernard. Ex. gr. de marges, mouillures, cart. anc. Lyon, J. de Tournes, 1584.

210 — **Th. Tarbé.** Recherches historiques et anecdotiques sur la ville de Sens. In-18 cart. Sens, Tarbé, 1838.

211 — **S.-A. Tassis.** Guide du correcteur et du compositeur. In-12 broché. Paris, L. Marpon.

212 — **A. Thiers.** Histoire de la Révolution française. 4 vol. in-8, rel. nomb. gr. t. d. Paris, 1839.

213 — **Union centrale.** Histoire sommaire de l'Union centrale, suivie de rapports du jury de l'Exposition de 1865. In-8, demi-rel., 1866.

214 — **Union centrale.** Exposition de 1865, catalogue du musée rétrospectif. In-8, demi-rel., pap. verg., grandes marges, 1867.

215 — **Le Véel.** Quelques observations sur Jeanne d'Arc, broc. vergé. Paris, Susse, s. d.

216 — **Verdier et Catois.** Architecture civile et domestique. 2 vol. gr. in-4, 114 grav. en t. d., demi-rel. Paris, Didron, 1855.

217 — **E. Véron.** Histoire de l'Union centrale, son origine, son présent, son avenir, extrait de la Chronique des arts, par Eugène Véron. In-24 broché, s. d.

218 — **Viollet-le-Duc.** Dictionnaire raisonné de l'architecture française du onzième au seizième siècle. 10 vol. in-8, demi-rel. Morel, 1854-1858.

219 — **Viollet-le-Duc.** Château de Pierrefonds; — Lettres adressées à M. Lance; — Lettres sur la Sicile; — Réponse à M. Vitet, à propos de l'enseignement des arts du dessin; — Simple dialogue pour servir d'introduction au mémoire sur la défense de Paris; — Ce que réclame au dix-neuvième siècle l'enseignement de l'architecture. Opuscules réunis en 1 vol. in-8, demi-rel., vign. Morel, 1865.

220 — **Viollet-le-Duc.** Dictionnaire raisonné du Mobilier français. 6 vol. in-8, demi-rel. Morel, 1872-1875.

221 — **Viollet-le-Duc.** Méthode d'enseignement du dessin applicable aux écoles professionnelles; — Château de Pierrefonds. 2 opuscules, nomb. vign. et planches. In-8, demi-maroquin. Paris, Morel, 1873-1881.

222 — **Viollet-le-Duc.** De la décoration appliquée aux édifices. Petit in-fol., toile cart. Ballue, libr. d'art 1880.

223 — **Viollet-le-Duc.** Compositions et dessins de Viollet-le-Duc, publiés sous le patronage du comité de l'œuvre du maître. 10 liv. in-fol., eaux-fortes, chromo, éd. en grand papier, premier tirage. Paris, Morel.

224 — Entretiens sur l'Architecture, ill de 93 gr. s. bois. 2 vol., texte grand in-8; 1 vol. Atlas gr. in-4 oblong, 36 pl., chromo et taille-douce, demi-mar. Paris, Morel.

225 — **Comte Melchior de Vogüé.** Les Eglises de la Terre-Sainte. 1 vol. in-4, demi-rel., 28 grav. en t. d. et bois dans le texte. Paris, Didron, 1868

Paris. — Typ. Pillet et Dumoulin, 5, rue des Grands-Augustins.

www.ingramcontent.com/pod-product-compliance
Lightning Source LLC
LaVergne TN
LVHW021529140926
848035LV00047B/1265
* 9 7 8 2 3 2 9 5 3 2 9 9 8 *